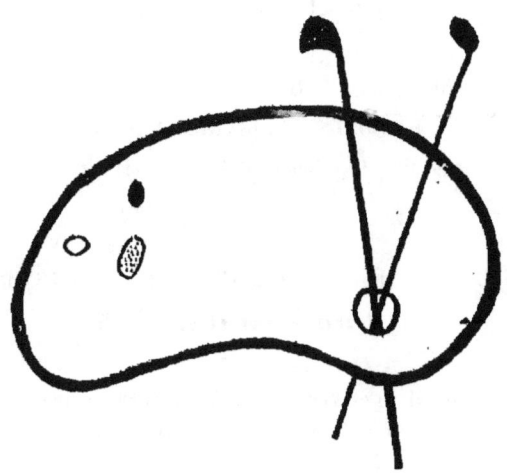

DEBUT D'UNE SERIE DE DOCUMENTS
EN COULEUR

CATALOGUE

TABLEAUX
ANCIENS ET MODERNES
ÉTUDES ET ESQUISSES PEINTES

DESSINS ANCIENS

GRAVURES ANCIENNES ET DE PORTRAITS
RECUEILS ET LIVRES A FIGURES

Qui composaient le cabinet de M. JOESSLIN, Artiste-Peintre

HOTEL DES COMMISSAIRES-PRISEURS
Rue Drouot, n. 5

Les Jeudi 15 et Vendredi 16 Avril 1858, à une heure

Par le ministère de M. DELBERGUE-CORMONT, Cer Priseur

Assisté de M. VIGNÈRES, marchand d'Estampes rue de la Monnaie, 13, entrée rue Baillet, 1,

EXPOSITION PUBLIQUE

Le Mercredi 14 Avril 1858 de une heure à cinq heures

PARIS
RENOU & MAULDE
IMPRIMEURS DE LA COMPAGNIE DES COMMISSAIRES-PRISEURS
rue de Rivoli, 144

1858

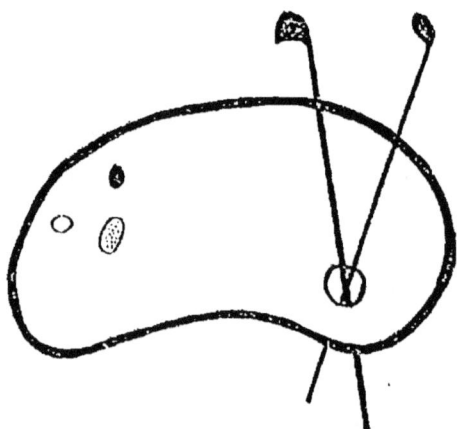

FIN D'UNE SERIE DE DOCUMENTS
EN COULEUR

CATALOGUE
DE
TABLEAUX
ANCIENS ET MODERNES
ÉTUDES ET ESQUISSES PEINTES
DESSINS ANCIENS
ET
GRAVURES ENCADRÉES & EN FEUILLES
RECUEILS ET LIVRES A FIGURES

Qui composaient le cabinet de M. JOUSSELIN, Artiste-Peintre

Économe du Musée du Louvre

DONT LA VENTE AUX ENCHÈRES PUBLIQUES AURA LIEU

HOTEL DES COMMISSAIRES-PRISEURS
Rue Drouot, n. 5

SALLE N° 2,

Les Jeudi 15 et Vendredi 16 Avril 1858, à une heure

ET LE VENDREDI SOIR A SEPT HEURES

Par le ministère de M° **DELBERGUE-CORMONT**, C¹°-Priseur,
rue de Provence, 8,

Assisté de M. **VIGNÈRES**, marchand d'Estampes rue de la
Monnaie, 13, entrée rue Baillet, 1, à l'entresol,

Chez lesquels se distribue le présent catalogue.

EXPOSITION PUBLIQUE

Le Mercredi 14 Avril 1858 de une heure à cinq heures.

1858

CONDITIONS DE LA VENTE.

Elle sera faite au comptant.

Les acquéreurs paieront, en sus des adjudications, cinq pour cent applicables aux frais.

M. Vignères, Expert, chargé de la vente, se charge des commissions.

ORDRE DES VACATIONS.

1re Vacation. — *Le Jeudi 15* Avril, à une heure, les Tableaux.

2me Vacation. — *Le Vendredi 16* Avril, à une heure, les Dessins encadrés et en feuilles, le restant des Tableaux et les Gravures encadrées.

3me Vacation. — *Le Vendredi soir* à sept heures, les Estampes en feuilles et les Recueils.

AVANT-PROPOS

La réunion de Tableaux, Dessins et Estampes que nous présentons en vente compose la collection de M. JOUSSELIN, peintre, économe du Musée du Louvre depuis plus de 40 ans. Formée avec le goût de l'artiste, elle était pour lui un objet d'étude et de délassement à ses travaux administratifs prenant sa retraite, la privation du vaste appartement qu'il occupait au Louvre ne lui permet plus de garder cette collection, et il se décide à la livrer en entier à la chaleur des enchères.

1 tableau avec 3 têtes	1	
2 tableaux	1	75
2 tableaux		
1 ... 1	1	75
2	2	50
1 Paysage	2	
2 Vierge et paysage venus	3	
9 Paysages	1	50
2 ..... en tête d'Agnus	2	
..... allegorie mythology	8	

DÉSIGNATION

TABLEAUX

50	1 — **Beghyn**. Paysage avec ruines et figures, imitées de Berghem.	14	
	2 — **Berré**. Bœuf, vaches et deux moutons.	73	
	3 — **Bertin**. Paysage composé.	64	
	4 — Copie libre de Claude le Lorrain.	25	
	5 — **Bertin** (école de). Un paysage boisé bordé par une rivière ; figures de Demay.	80	
100	6 — **Bilcoq**. Le Minéralogiste ; il est dans son cabinet entouré de divers instruments de sciences, livres, globe terrestre, etc. Ces objets, traités dans la manière de Gérard Dow. Tableau capital du maître.	261	
10	7 — **Bolognèse** (Grimaldi, dit le). Paysage ; site d'Italie, avec chute d'eau.	20	
	8 — **Bonaventure Peters**. Marine par un gros temps, animé par des pêcheurs.	5	
15	9 — **Bouton**. Deux petits intérieurs.	8	50
30	*les chevaux école de Paill. Potetots*	17	

— 6 —

Fig 3 6   10 — **Boucher.** Têtes de fantaisies, grisailles Quatre dessus de portes.   5 0

28   11 — **Breemberg** (BARTHOLOMÉ). Vue de ruines; sur un chemin un paysan monté sur un âne.

27 {12 — **Breughel** (JEAN). Paysage en hauteur sur bois, avec figures ajoutées par M. Demay.
     {13 — — Paysage, avec rochers, rivière, etc.; figures de Demay ajoutées.

30   14 — **Breughel le Vieux** (PIERRE). Fête de village.   60

17   15 — — Grand paysage, avec figures attribuées à Teniers.

30   16 — **Carré.** Un effet de neige.

15   17 — **Casanova.** Paysage, avec figures et animaux, chèvres blanches, bœuf, etc.

13 50   18 — — Deux vues de châteaux.
5   50?   19 — **Casati.** Marine, effet de soleil.

30   20 — **Chavannes.** Paysage où deux routes se croisent.

7   22 — **Coigniet** (JULES). Étude de montagne, vallée et rivière.

8   23 — **Dagnan.** Étude aux environs de Grenoble.

38   24 — **Danloux.** Tête de jeune fille vêtue de blanc, avec chapeau rose.

8   25 — **Dauvin.** Bords d'une rivière. Études sur papier.

6.5   26 — **Demarne.** Canal glacé avec patineurs.

10   27 — **Denis.** Vue du golfe de Naples.

35   28 — **Desportes.** Oiseaux aquatiques, fond de paysage, plantes, etc.

report 60

30	29 — **Devries**. Paysage avec moulin; au premier plan, deux paysannes qui causent ensemble.	40
10	30 — **Diaz**. Un pâtre dans un paysage.	55
30	31 — **Dominiquin**. Saint Jérôme dans un paysage montagneux.	14
12	32 — **Dunouy**. Étude d'une vue d'Italie.	3 50
5	33 — **Duval le Camus**. Le corps de garde. Esquisse.	19
	34 — **Fielding** (Newton). Étude de chien dans une écurie.	
10	35 — **Freminet** (Martin). Sujet de la Jérusalem délivrée. Tableau de forme ronde; il est marouflé.	18
20	36 — **Fragonard**. Esquisse d'un des plafonds du Louvre. François Ier, accompagné de la reine de Navare sa sœur, et entouré de sa cour, reçoit les tableaux et statues rapportés d'Italie par le Primatice.	20
20	37 — **Fumerand**. Paysage d'après un tableau de Ruisdaël.	16
15	38 — **Garneray** (Hippolyte). Vue d'une ville de Normandie.	
10	39 — **Gassie**. Portail d'église.	2
12	40 — **Gerard**. Portrait de Bonaparte; grisaille d'après un plâtre.	2
20	41 — **Giorgion** (d'après le). Les Baigneuses.	7 50
30	42 — **Girodet** (attribué à). Sujet pastoral, effet de nuit. Gracieuse composition.	10
25	43 — **Grailly** (de). Étang de Rambouillet.	16
200	44 — **Greuze**. Beau portrait d'homme, bien peint.	300
30	45 — **Grimoux**. Portrait de l'auteur.	29

— 8 —

40	46 — **Guide.** Tête de Christ couronnée d'épines. Cette tête, d'une grande expression de sentiment, nous paraît être une répétition du tableau du Musée du Louvre.		100
4	47 — **Gué.** Une étude de paysage peinte sur papier.		10
70	48 — **Hemskerck.** La femme qui fume.		40
475	49 — **Huysmans de Malines.** Deux paysages avec terrain sablonneux.		800
185	50 — — Paysage avec sablonnière.		100
52	Bis — Paysage avec rochers, etc. Il est de forme ovale.		
30	51 — **Jadin.** Le Moulin de Charenton.		20
35	52 — **Jolivard.** Paysage d'après Ruysdaël		15
8	53 — — Moutons et bœufs, d'après Van Romain.		15
14 50	54 — **Jordaens.** Une dame tenant un éventail.		60
40	55 — **Joyant.** Le pont du Rialto, étude à Venise.		10
114	56 — — Étude de Marine, avec construction crénelée.		10
9	57 — Étude à Venise.		10
8 50	58 — — Une Marine. Étude.		10
77	59 — **Lantara.** Paysage au clair de lune. Petit tableau de forme ronde.		25
16	60 — **Latil.** Descente de croix ; copie réduite du tableau de Jouvenet, du Musée du Louvre.		10
2	61 — — Portrait à mi-corps. Esquisse.		
7 6	62 — **Lemercier.** Étude de paysage en hauteur.		10
	63 — **Lepaulle.** Cour d'un forgeron.		10
	64 — **Le Prince.** Vue prise à l'école des Beaux-Arts.		30
67	65 — — Paysage coupé par une rivière. *Jean Baptiste*		40
17	66 — — Bœuf et vaches. Copie de Paul Potter.		10

6 50   *Le Prince Xavier,*

Orizonti

	67 — **Locatelli.** Deux jolis paysages avec figures; la composition et l'exécution rappellent le Guaspre Poussin.	6	50
20	68 — — Deux petits paysages de forme octogone.	19	50
10	69 — **Louis.** Les Pèlerins d'Emaüs; copie réduite.	2	50
10	70 — — Esquisse du Christ Rédempteur.	9	50
60	71 — **Louterbourg.** Animaux au repos et une femme montée sur un cheval bai, joli tableau sur cuivre, de forme ovale.	115	
12	72 — — Petit paysage avec chute d'eau, sur cuivre.	19	
30	73 — **Louveau** (Mlle). Un petit tableau de fleurs.	19	
10	74 — **Malbranche.** Etude de terre labourée, avec fond de paysage.	2	50
60	75 — — Etude prise aux îles Seguin.	4	
50	76 — **Maratte** (Carle). Portrait de dame du règne de Louis XIII, présumée une Mancini.	73	
15	77 — **Miel** (Jean). Deux tableaux d'animaux.	11	
30	78 — **Michel.** Paysage avec chaumière et butte sablonneuse, au premier plan des chasseurs.	60	
50	79 — — La Fontaine de Montmartre, ébauche sur bois.	195	
10	80 — **Michallon.** Etude pour son tableau de Thésée.	6	50
10	81 — **Michel-Ange du Caravage.** Portrait d'un chevalier de la famille des Duras.	11	
25	82 — **Millet** (Francisque). Paysage de style italien.	20	
50	83 — **Molyn** (Pierre). Paysage rocailleux; au second plan, une voiture; bon tableau du maître.	99	
10	84 — — Chaumière entourée de broussailles.	7	
15	85 — **Molenaer.** Paysage par un temps de pluie; on y voit un cavalier sur un pont.	25	
		5	

panneau paysage

9.50	86 — **Monnoyer** dit Baptiste. Fleurs, roses, etc., fleurs et tulipes, dans un vase.	50
56	87 — **Moreau et Lacroix**. Une tour bâtie sur les bords d'un torrent.	60
130	88 — **Moucheron** (Frédéric). Grand paysage montagneux, orné de figures représentant une chasse.	200
41	89 — **Omeganck** (d'après). Paysage avec moutons, copie du tableau du Musée du Louvre.	
75	90 — **Orisonti** (van Bloemen dit). Vues d'Italie, deux petits tableaux.	
13.50	91 — **Ostade**. Les Œufs, deux figures dans un cellier.	
195	92 — **Oudry**. Paysage agreste avec figures sur le devant	130
120	93 — **Perrocel**. Cavaliers montant à cheval.	90
31	94 — **Patel**. Paysage marécageux, ruines d'architecture, figures par Lesueur.	60
14	95 — **Pau de Saint-Martin**. Sous une arcade de pont, des laveuses.	10
37	96 — — La Bergère et ses vaches dans un paysage.	70
10	97 — — Paysage, étude de fond.	15
14	98 — **Perrot**. Étude, Vue de Gênes.	10
78	99 — **Poelemburg**. Paysage avec baigneuse, effet de crépuscule. Tableau rond sur cuivre.	75
32	100 — **Poussin** (Nicolas). La Moisson, composition rappelant une des saisons, l'été.	30
8	101 — **Poussin** (Gaspard). Vue des Cascatelles de Tivoli.	70
	— Petit paysage.	10
37	102 — — Rochers au bord de la mer.	40
22	*Paysage non catalogué*	

— 11 —

10	103 — — Paysage où se voit une pyramide, tableau fatigué.	2	50
200	104 — **Prud'hon** (attribué à). Jeune femme à mi-corps, le coude appuyé sur une table; ce portrait, bien peint et gracieux, est présumé celui de M*me* Récamier.	179	
10	105 — **Reinier**. Paysage où se voit saint Antoine.	10	
6	106 — **Restout**. Etude pour un saint religieux, peinte sur papier.	4	50
	107 — **Ribera** dit L'Espagnolet. Tobie et les Anges, grand tableau d'une belle couleur	10	
11	108 — **Robert** (Alphonse). Pâturage en Normandie.	39	
12	109 — **Roos de Tivoli**. Ruines; un pâtre au premier plan.	15	
13	110 — **Salvator Rosa**. Une Etude de rochers avec cascade.	7	50
50	111 — **Simonini**. Combat de cavaliers turcs.	17	
10	112 — **Simon**. Paysage.	8	
100	113 — **Solario** (André). Une Mater Dolorosa, tableau sur bois, d'une savante exécution.	170	
60	114 — **Spada**. Tête de vieillard avec barbe, d'un grand caractère.	40	
50	115 — **Suanewelt** (Herman). Paysage avec épisode biblique de Tobie et les Anges	3,6	
10	116 — — Un Paysage avec perspective.	9	
	117 — **Tassi** (Augustin). Paysage avec chute d'eau, ruines, etc.		
30	118 — **Taunay**. Petit paysage avec épisode ; les Oies du frère Philippe.	61	
40	119 — **Tintoret**. Un architecte visitant des travaux de construction.	53	
	passage non catalogué	5	50
	paysage [?]	12	50

— 12 —

8		120 — **Tempeste**. Une marine, gros temps.	10
8		121 — **Tempeste** (d'après). Orage sur mer.	10
5	50	122 — **Turpin de Crissé** (C.). Vue de Naples.	
16		123 — **Tournière**. Un tableau de fleurs.	
80		124 — **Van der Burch père**. Etude en Italie, figures de Lethiers.	
72			
15		125 — — Vue des petits Augustins, fig. de Demay.	
30		126 — **Van der Burch** (Hippolite). Chute d'eau dans les Vosges, fig. de Demay ajoutées.	
		127 — — Entrée d'une ferme.	
7		128 — — Etude dans la forêt de Fontainebleau.	
11		129 — — Etude, Environs de Naples.	
22		130 — — Vue prise au soleil couchant.	
34		131 — *Du même*. Maisonnettes. Tableau sur bois.	
19		132 — *Du même*. Vue de la mer au Hâvre.	
6	50	133 — *Du même*. Etude de Tivoli.	
		134 — — Etude dans la forêt de Fontainebleau.	
25		135 — — Cour de ferme. — Une chute d'eau, deux études.	
20		136 — **Van Goyen**. Ville de Hollande sur les bords d'un canal.	6
57		137 — — Vue sur le bord d'un canal, tableau de forme octogone et sur bois.	
24		138 — — Une rivière traversée par un pont de bois.	
151		139 — **Van der Hagen**. Ville sur les bords du Rhin; un pont traverse une partie de la composition, tableau d'un effet piquant de lumière; les productions de ce maître sont rares.	
14		140 — **Van Uden**. Paysage.	

10	141 — **Van de Velde** (Isaïe). Vue d'un village au bord d'une rivière.		30
20	142 — **Van Berghe**. Repos d'animaux, bœufs et moutons.		
15	143 — **Vernet** (Joseph). Deux études de rochers.		15
5	144 — **Vlegher** (Simon de). Une marine, marée montante.		70
50	145 — **Vouet** (Simon). La Magdeleine pénitente, deux figures.		35
5	146 — **École d'Italie**. Adam et Ève.		5
20	147 — **Inconnu**. Paysage, copie d'après Wynants.		17
15	148 — — Paysage, genre d'Hobbema.		
30	149 — — Site d'Italie, paysage en dessus de porte.		
6	150 — — Étude de terrains pierreux.		9
6	151 — — Étude sur papier, forteresse au bord de la mer.		1
12	152 — — Une femme tenant une volaille.		
100	153 — — Tableau de nature morte, des chardons, choux, artichauts, etc., attribué à Van Kessel.		110
12	154 — — Étude de chardons, par un artiste moderne.		5
60	155 — — Paysage montagneux et temps orageux.		22
20	156 — — Petite tête d'une religieuse, peinture sur cuivre.		30
20	157 — — Deux autres petits portraits de dames, du siècle de Louis XIV.		14
12	158 — — Petite tête de jeune fille.		9
5	159 — — Christ en croix, grisaille.		1
10	160 — — Oiseaux morts.		6 50
10	161 — — Un terrain sablonneux, effet d'orage.		

Princesse de Lorraine — 11. 50
Paysage non catalogué — 5

[handwritten at top:]
2 50 — 2 — fixé rond et petit paysage
5 — École flamande tout marine AVU
20 — Paysage non catalogué
— 14

11	162 —	**Flamand moderne**. Paysage avec chaumière et deux figures au 1ᵉʳ plan.	20
12 50	163 —	**École flamande**. La Souris et le Fromage.	
7 50	164 —	**École moderne**. Paysage.	
3 50	165 —	— Effet de soir, en forme de frise.	
1 25	166 —	— Étude de rocher au bord de la mer.	
6 50	167 —	— Étude d'un âne mangeant de l'herbe.	
11	168 —	— Trois petits paysages par *Granet, Bouton* et *Joyant*.	
26	169 —	— Paysage avec baigneurs et rivière.	
6 50	170 —	- Le Savetier, copie d'un tableau de Th. Wick.	10
3	171	Étude prise au bas Meudon, près Paris.	
14	172 —	— Un grand paysage, vue d'Écosse.	
	173 —	— Paysage en hauteur, une femme en méditation devant une statue.	
11	174 —	— Étude à Fontainebleau.	
30	175 —	— Vue prise à Bellevue.	
35	176 —	— Vue prise au Mont-Blanc.	
36	177 —	- Vue à Charentonneau, grand paysage.	
17	178 —	Paysage fait d'après une eau-forte de Denon.	

DESSINS ENCADRÉS

2	179 —	**Boissieu**. Vache couchée, dessin au lavis.	
9	180 —	**Boquet**. Vue générale de Subiaco, grand paysage à la sépia.	
9 50	181 —	**Bouton**. Intérieur de chapelle, dessin à la sépia.	
22	182 —	**Boys**. Vue de Paris, aquarelle.	

10	A Grisaille	Laperlier	36	
324	Le Salon	Clement de Ris	9	
327	Thuilerie	Lazarini	4	50
359	Girodu	Séverin	5	
364	Dames de la cour		5	
			59	50
			3	
			62	50

— 16 —

183 — **Brunndel**. Vue prise dans le bois de Boulogne, deux grandes et très-belles gouaches, figures par Suebach Desfontaines. — 105

184 — — Chute d'eau à la lisière d'un bois. Gouache. — 3

185 — — Deux paysages à la gouache. — 15

186 — — **Casanove**. Divers animaux, dessin à la sépia. — 10.50

187 — deux dessins à la sépia. — 12

188 — **Champin**. Vue prise à Passy. — 3

189 — **Chavannes**. Chute d'eau, promenade sur l'eau, dessin pour un clavecin. — 8 50

190 — **Colin**. La masure, aquarelle en hauteur. — 2 50

191 — **Daguerre**. Une fumée. — 10 50

192 — **Decamps**. Deux croquis au crayon. Vues de Turquie, sera divisé. — 10 50 / 21

193 — **De la Belle**. Passage de la mer Rouge, dessin à l'encre de chine. — 11

194 — **Demarne**. Une grande route et deux études sur papier teinté, trois dessins, seront divisés. — 9 50 / 11

— — Figures et animaux près d'une fontaine. Dessin colorié. — 10 50

195 — **Danvin**. Le pont de bois, aquarelle. — 6

196 — **Edgger** (Mlle). Deux fleurs, petites aquarelles. — 2

197 — **Fielding** (Newton). Chaumière sur une marée, dessin à la sépia. — 15

198 — — Vue dans un parc, aquarelle. — 1 50

199 — **Gadebois**. Passage à gué. — 5 50

— — Vue prise sur les bords d'une rivière, deux gouaches. — 6 50

200 — **Granet**. Vue prise à Versailles, aquarelle. — 3

10		201 — **Greuze** (Genre de). La Demande en mariage, dessin lavé.
1	50	202 — **Gué**. Une Ferme, aquarelle.
13		203 — **Guide** (Guido Reni dit le). Tête d'Alexandre mourant. Dessin au crayon.
4		204 — **Houel**. Paysages en hauteur, deux dessins lavés.
11		205 — **Hublier** (Mme). Un Bouquet de fleurs, aquarelle.
8		206 — **Isabey** père. Une Écossaise. Sépia.
8	50	207 — **Kobell**. Intérieur de forêt, dessin à l'encre de Chine.
7	50	208 — — Sortie d'un bois, paysage lavé à l'encre de Chine.
2		209 — **Lantara**. Étude d'après nature, dessin au crayon.
6		210 — **Latour**. Tête de femme costumée. Pastel.
10		211 — **Lebrun**. Première pensée d'une composition pour un plafond. Dessin au lavis.
1		212 — **Michel-Ange**. Homme levant des fardeaux. Dessin à la sépia.
18		213 — **Moreau** (Louis). Paysages ovales. Deux jolies gouaches.
11		214 — — Ruines près d'une montagne. Gouache.
7		215 — **Noël**. Marine. Gouache sous verre.
6		216 — **Norblin**. Une vue des portes d'une ville, animée d'un grand nombre de figures. Dessin lavé à l'encre de Chine.
40		217 — **Pillement**. Deux gouaches. Paysages composés.

Portef d'Heures avec Catalogues   1 50

218 — **Poussin** (GASPARD). Paysage. Grand dessin au crayon, d'après ce maître, par Fedor Mateff.   4 50

219 — **Poussin** (d'après). Une sainte Famille. Dessin colorié pour le musée Filhol.   9 50

220 — **Puget**. Une galère. Dessin à la plume et à la sépia.   17

221 — **Richard**. Vue d'une ruine. Aquarelle.   2 50

222 — **Rigaud**. Vues de Marseille. Deux dessins à la plume.   15

223 — **Rosalba**. Étude de jeune femme drapée. Gracieux pastel.   29

224 — **Van der Burch** (HIPPOLYTE). Une chartreuse. Aquarelle en hauteur.   6

225 — **Vernet** (JOSEPH). Deux marines. Dessins au crayon et lavés.   19

226 — — Vue d'un pont en Italie. Dessin.   3 50

227 — **Vien**. Tête de vieillard, la tête appuyée sur sa main. Dessin.   4

228 — **Wattier**. Une chapelle. Dessin à la sépia.   6

230 — **Ecole italienne**. Christ à la colonne. Dessin lavé sur papier teinté.   2

231 — **Ecole hollandaise**. Vues de Hollande. Deux dessins lavés à l'encre de Chine.   9

232 — — Deux vaches dans une étable.   6

233 — **Ecole anglaise**. Aquarelle. *Dean*   2 50

234 — **Inconnu**. Moulin de Charenton. Aquarelle.   1 50

235 — — Magdeleine repentante. Dessin au crayon de mine de plomb.

236 — — Paysage, passage à gué. Dessin colorié.   4 50

236 bis — — Une femme au lit. Dessin.

4	50	237 — — Un moine de l'ordre de Saint Bruno. Pastel.
2		238 — — Deux dessins au crayon rouge.
1	50	239 — Photographie anglaise, d'après un dessin de Mantègne.
1	50	*9 dessins*

DESSINS EN FEUILLES

2		240 — **Beauvallet.** An III de la République. Allégorie, la Paix ramène l'Abondance. Dessin à la plume.
		241 — **Casanove.** Un dessin à l'aquarelle.
3		242 — **Coste**, architecte. Paysage aquarelle.
1		243 — **Demarne.** Paysage avec rivière. Dessin lavé à l'encre de Chine.
1	50	244 — — Paysage, études d'arbres. Dessin à la pierre d'Italie et lavé.
		245 — **École Italienne.** Un dessin lavé au bistre. Sujet pieux.
2	25	246 — **Guet**, 1830. La Glaneuse. Dessin à la sépia.
10	50	247 — **Hallé.** Études pour des tableaux, sujets divers. Vingt-un dessins lavés sur papier bleu. Cet article sera divisé. *14 p.* *8 p.*
8		
2		248 — **Hellein.** Campagne de Rome. Dessin lavé au bistre.
3		249 — **Houel**, 1774. Berger et son troupeau. Dessin.
5		— — Études de paysages à la gouache. *5 p —*
7	50	250 — **Huet**, an VIII. Paysage. Un Berger et son troupeau. Dessin au bistre.
1	50	251 — **Knip.** Vue du Vésuve. Grand dessin. *Knieps*
15	50	252 — **Léon Cogniet** (M). La mort de Marceau, dessin à sépia, pour une gravure.

253 — **Lapito.** Paysage. Aquarelle et un dessin, par Flers. — 5 50

254 — **Le Paon.** Une bataille. Grand dessin à la sépia. — 4

255 — **Mandevard** Paysage. Dessin de forme ronde au crayon sur papier bleu rehaussé de blanc. — 1 50

256 — **Perignon.** Vues du château d'Angevillers. Deux aquarelles. — 3 50

257 — **Pierre.** Un marché. Dessin à la sanguine. — 2 50

258 — **Piringer.** Paysage, vue d'Allemagne. Grand dessin à l'encre mêlé de bistre. — 1

259 — **Pourcelli.** Paysages avec monuments et figures. Deux dessins à la gouache. — 5

260 — **Rigaud.** Vue du château de Blois. Joli dessin lavé à l'encre. — 14

261 — **Swagers.** Paysage et animaux. Dessin à l'encre mêlé de bistre. — 2

262 — **Tempeste.** Une chasse. Dessin à la plume et au bistre. — 2 25

263 — **Thienon.** Vues d'Italie. Deux dessins à la sépia. — 4 50

264 — **Verdier.** Sujet de l'histoire d'Alexandre. Huit dessins. — 2 50

INCONNUS ET DESSINS DIVERS

265 — — Isola di Sora, vues d'Italie. Deux dessins à la plume, lavés au bistre, signé *Fedor Matweff*. — 1 50

266 — — Vues de Malte. Dessins à la plume et lavés.

267 — Vue de Venise et intérieur d'église. Deux dessins à la plume et lavés. — 1 50

268 — — Vue de la villa Mécène. Aquarelle. — 1 50

— 20 —

260 — Vue d'Italie. Dessin lavé au bistre et à l'encre.

270 — — Ruines romaines. Deux dessins coloriés.

271 — — Vues d'Arcueil. Trois dessins au crayon, signés L. G. 1746.

272 — — Dix dessins d'architecture et autres dans un portefeuille.

273 — — Moutons et chèvres. Sept dessins à la sanguine.

274 — — Paysages, d'après les tableaux du Guaspre Poussin, qui décorent les palais d'Italie. Vingt grands dessins au crayon, par *Fedor Manreff*. Cet article sera divisé.

275 — — Vues, paysages, etc. Dessins à la plume, au crayon, à la sanguine, par *Robert*, et autres artistes au XVIII siècle. Cet article sera divisé.

276 — — Un portefeuille contenant 36 dessins de divers maîtres.

277 — — Un portefeuille contenant des dessins de divers maîtres anciens et modernes.

278 — — Un portefeuille contenant diverses aquarelles, dessins à la plume, au crayon, par Mandeward et autres artistes de la fin du siècle dernier, 90 pièces. Cet article sera divisé.

279 — — Un portefeuille contenant 55 dessins de paysages, par et d'après des artistes du XVIII siècle.

Viernes 7...

2 lithog. Lemarchand — le Brocanteur   2

— 21 Salon encadré   10 50

ESTAMPES ENCADRÉES

280 — **Bervic**. L'enlèvement de Déjanire, d'après le Guide.   6

281 — **Desnoyers**. Bélisaire, d'après Gérard. Belle épreuve.   6

281 bis — — La belle Jardinière, d'après Raphaël. Belle épreuve.   26

282 — **Dien**. Portrait de Sigalon, peintre.

283 — **Forster** (M.). Céphale et l'Aurore.   4

284 — **Guttemberg**. La veillée hollandaise, d'après Rembrandt. Épreuve avant la lettre.   4 50

285 — **Laugier**. Sapho, d'après Gros.   4

286 — **Le Bas**. Vue d'un port de mer, d'après Claude le Lorrain.   4

287 — **Lignon**. La Vierge au Poisson, d'après Raphaël. Épreuve avant la lettre.   13

288 — **Massard**. Sainte Cécile, d'après Raphaël.   11

289 — — Gravure d'après le Faune antique.   8 50

290 — **Landon**. Le pardon, d'après Landon.   3 50

291 — **Morghen** (Raphaël). La Poésie, la Théologie, d'après Raphaël.   19 50

292 — — La Jurisprudence, d'après Raphaël.   16 50

293 — **Morel**. Le Jugement de Salomon, d'après N. Poussin.   16 50

294 — **Richomme**. Triomphe de Galatée, d'après Raphaël.   25

295 — **Sicardi** (d'après). Les Confitures.   2

296 — **Strange**. La Magdeleine, d'après le Guide.   17

297 — **Woollett**. Phaëton, d'après Wilson.   2 50

3		208	Sainte Famille, d'après le Guerchin. — Autre Sainte Famille, d'après André del Sarte. Deux pièces gravées et lithographiées.
2		209	Sainte Famille, gravée par Bartolozzi, petite gravure de la Transfiguration d'apr. Raphaël.

ESTAMPES EN FEUILLES

1	50			
1		300 —	**Bellay**. Vue de Lyon, épreuve avant la lettre, papier de Chine.	
1		301 —	**Blery**. Paysage gravé d'après le tableau d'Hobbema, du Musée du Louvre.	
		302 —	**Boel** (Pierre). Chasse au sanglier. Pièce à l'eau-forte.	
1		303 —	**Browne**. La Cascade et la Solitude; un orage. Trois pièces d'après le Guaspre Poussin.	
10		304 —	**Canaletti**. Vues de Venise. Vingt-cinq pièces à l'eau-forte, plusieurs grandes, très-belles épreuves avant les lettres de l'alphabet placées dans la marge. Cet arti'e sera divisé.	15
12	50			5
7	50			5
6	50	305 —	— Dix pièces, vues de Venise, d'ap. Canaletti.	
1	50	306 —	**Charlet** (d'après). Les Joueurs et les querelleurs. Deux pièces gravées par Reynolds	
2		307 —	**Claude le Lorrain**. Énée en Italie; embarcation de sainte Ursule; les Bergers. Trois pièces gravées par Masson, Fitler et Lowry, la dernière avant la lettre.	
1		308 —	— Céphale et Procris; Fuite en Égypte, par Volpato, et paysage d'après le Guaspre, par Parbonni. Trois pièces.	

[illegible]	6
[illegible]	8
[illegible]	6
[illegible]	15
[illegible]	16

309 — — Fuite en Égypte; Mercure et Battus Deux pièces, par Lerpinière et J. Peak. 3

310 — **Coypel.** Sujet pour Don Quichotte Vingt-deux pièces diverses; autres pièces, dont trois paysages par Boissieu. Deux lots. 9

311 — **Daubigny.** Le Chêne, gravé d'après Ruysdaël en 1855. 3

312 — **Delaroche** (d'après Paul). Henriette de France, femme de Charles Ier, gravé par Maile. 1 75

313 — **Desnoyers** (baron). Sainte Catherine d'Alexandrie, d'après Raphaël. Belle épreuve.

314 — — La Magdeleine, d'après le Corrège. 3 75

315 — — La Transfiguration, d'après Raphaël. Belle épreuve, papier de Chine.

315 bis — — La Vierge d'Albe, d'après Raphaël. Belle épreuve. 26

316 — **Fauchery.** Valentine de Milan, d'après Richard. 1

317 — **Garnier.** Charles X, d'après Gérard, épreuve avant la lettre. 1

318 — **Gmelin.** Acis et Galathée, d'après Claude le Lorrain. 5

319 — **Grebert.** Diogène, d'après N. Poussin; épr. avant la lettre sur papier de Chine. 1 50

320 — **Jazet.** Le Giaour, d'après M. H. Vernet; épreuve avant la lettre. 2 50

321 — — La Moustache, d'après M. H. Vernet; épreuve avant la lettre. 1 75

322 — **Louterbourg** (d'après). Le Matin et le Soir. Deux pièces. 2 25

323 — **Manglard.** Paysage et marine; épr. avant les numéros. Deux pièces.
324 — **Monsaldy et Devisme.** Le Salon de l'an viii Rare.
325 — **Pesne.** Les Quatre Saisons, d'après le Poussin. Quatre pièces.
326 — **Restout.** Saint Bruno en prières. Pièce à l'eau-forte.
327 — **Silvestre** (Israël). Vues du Château des Tuileries, en deux feuilles.
328 — **Strange.** Charles Iᵉʳ en manteau, d'après A. Van Dyck. Belle épreuve d'un beau portrait.
329 — **Van der Meulen.** Campagne de Louis XIV, gravé par Bonnart, Baudouin et autres. Neuf pièces.

ESTAMPES DIVERSES

331 — L'Amour considérant le portrait de Psyché, d'après Meynier, et les Dénicheurs d'oiseaux, d'après Sicardi. Deux pièces, une avant la lettre.
332 — Quatre gravures anglaises, deux en manière noire, d'après Caravage, Cooper, Reynolds, etc., etc.
333 — Paysage et animaux, d'après divers tableaux de Asselin, Berghem, Claude le Lorrain, Guaspre Poussin, Panini, Ruisdaël, Huet, etc., etc.

Weigel 98

334 — Paysages et sujets et animaux, d'après Berghem, Claude le Lorrain, le Guaspre Poussin, Teniers, Van der Neer, Vernet, Wouvermans, etc., etc. 161 pièces. Cet article sera divisé.

335 — — Paysages par Waterloo ; animaux par C. Dujardin, etc. 125 pièces. Cet article sera divisé.

336 — — Paysage et animaux, par C. Dujardin, etc. Stoop, etc., 50 pièces.

337 — Un volume in-fol., contenant 190 pièces diverses à l'eau-forte, par Suanewelt, Ruisdaël, Kolbe, Weirotter. Pièces détachées de galerie, etc.

338 — Un portefeuille contenant des fac similes de dessins, des copies de Rembrandt, etc. 103 pièces

339 — Divers animaux gravés à l'eau-forte, par Potter, Dujardin, Sueback, 108 pièces.

340 — Paysages par Perelle, La Belle, Van der Cabel, Bargas, etc. 183 pièces dans un vol. in-fol.

341 — Pièces détachées du cabinet Poullain, paysage par Weirotter, etc. 74 pièces.

342 — Pièces détachées des cabinets Choiseul, Poullain, paysage, par Weirotter, etc., etc.

343 — Études lithographiées et gravées à la manière du crayon, dessinées par Réverdin, d'après les grands maîtres anciens et modernes. 68 pièces.

344 — Un portefeuille d'estampes d'artistes, vignettes, etc., etc.

— 26 —

345 — Paysages et vues d'Angleterre. 46 pièces lithographiées par Bonnington et autres.

346 — Vues de Vienne coloriées, paysages, lithographies, etc. 144 pièces environ. Cet article sera divisé.

347 — Lithographies, costumes grecs, animaux de Fielding, etc., etc.

348 — Vues et paysages, lithographiés par Vilneuve. 30 pièces.

349 — Un portefeuille contenant des estampes diverses, lithographies et eaux-fortes modernes, dont une suite de paysages, par Thuillier.

350 — Sujets et paysages lithographiés. 43 pièces dans un grand portefeuille.

351 — Portraits, sujets divers, chevaux, etc. 55 pièces lithographiées par Géricault, Horace Vernet, Granet, Devéria, Girodet et autres artistes contemporains. — Cet article sera divisé.

RECUEILS D'ESTAMPES

352 — La grande galerie de Versailles et les deux salons qui l'accompagnent, d'après les peintures de Lebrun. Paris, 1752, in-fol. cart.

353 — Galerie des peintres, ou collection de portraits de peintres les plus célèbres de toutes les écoles, par Chabert. Trois tomes en un vol. grand in-fol., d.-rel.

354 — Galerie des contemporains, par Chabert, in-fol.. 6
      liv. 1 à 7. Portraits lithographiés. 5 50

355 — Iconographie française. 200 portraits accompagnés de fac-simile de leur écriture.

356 — Iconographie des contemporains de 1789 à 1820. 200 portraits avec fac-simile de leur écriture. } 132

      Ces deux beaux ouvrages in-fol., publiés en 50 livr. chaque par la maison Delpech. Exemplaire de souscription.

357   Galerie du Luxembourg, publiée par Leber, in-fol. 32 planches d'après des tableaux de l'école moderne.   7

358 — Anacréon, Bion, Sapho et Moschus. D'après les dessins de Girodet. Paris, Chaillou, 1825. in-fol., d.-rel. de Capet.   9 50

359 — Les Amours des Dieux, lithographiés d'après les compositions de Girodet. Paris, 1826, in-fol., fig. sur papier de Chine.   8

360 — Marc Bict (d'après). Paysages gravés par Giampiccoli, quatre parties, 56 pièces. Un vol. in-fol.   3 5

361 — Architecture pittoresque par Rouargue, in-fol. 33 pièces.   7

362 — Souvenirs d'Italie des pensionnaires de Rome. 19 pièces.   2

363 — Souvenir de Naples, lithographié par Raymond, 6 livr. in-fol.   1

— 28 —

364 — Album des dames de la cour et des femmes célèbres, publié par la maison Delpech, in-fol. 23 planches.

365 — Divers albums lithographiques, publiés par la maison Delpech en 1829, 1830, 31, 32, 33. Cet article sera divisé.

366 — Principes de paysages lithographiés ; un cahier in-4° oblong, demi-rel.

367 — Des portefeuilles, bordures dorées, et tous les objets non catalogués seront vendus sous ce numéro

Renou et Maulde, imprimeurs de la Compagnie des Commissaires-Priseurs, rue de Rivoli, 144.

3 Dessins	1	
3 Dessins	3	50
3 Dessins	1	
3 Dessins	2	
3 Ouvrages	3	75
1 Pièce à angles	4	
1 Tiroir	1"	
	11	50
	2	50
1	15	
	"	"
1 ventin..	1	50
1 Dessin	5	
1 Volume	5	
3 ...	5	
1 ...	1	50
1 Mercure arg.t	62	

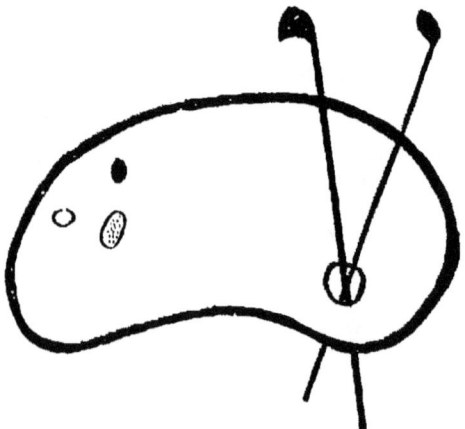

ORIGINAL EN COULEUR
NE Z 43-120-B

www.ingramcontent.com/pod-product-compliance
Lightning Source LLC
LaVergne TN
LVHW021730080426
835510LV00010B/1189